¿QUÉ SON LAS PLANTAS MARINAS Y LAS ALGAS?

LYNNAE D. STEINBERG

Britannica®
Educational Publishing

IN ASSOCIATION WITH

ROSEN
EDUCATIONAL SERVICES

Published in 2017 by Britannica Educational Publishing (a trademark of Encyclopædia Britannica, Inc.) in association with The Rosen Publishing Group, Inc.
29 East 21st Street, New York, NY 10010

Distributed exclusively by Rosen Publishing.
To see additional Britannica Educational Publishing titles, go to rosenpublishing.com.

First Edition

Britannica Educational Publishing
J.E. Luebering: Executive Director, Core Editorial
Mary Rose McCudden: Editor, Britannica Student Encyclopedia

Rosen Publishing
Nathalie Beullens-Maoui: Editorial Director, Spanish
Ana María García: Editor, Spanish
Alberto Jiménez: Translator
Jacob R. Steinberg: Editor
Nelson Sá: Art Director
Nicole Russo: Designer
Cindy Reiman: Photography Manager
Sherri Jackson: Photo Researcher

Library of Congress Cataloging-in-Publication Data

Names: Steinberg, Lynnae D., 1957–
Title: What are sea plants and algae? / Lynnae D. Steinberg.
Description: New York : Britannica Educational Publishing in association with Rosen Educational Services, 2017. | Series: Let's find out! Marine life | Audience: Grades 1–4. | Includes bibliographical references and index.
Identifiers: LCCN 2016022226| ISBN 9781508105121 (library bound) | ISBN 9781508105107 (pbk.) | ISBN 9781508105114 (6-pack)
Subjects: LCSH: Marine plants—Juvenile literature. | Algae—Juvenile literature.
Classification: LCC QK103 .S74 2017 | DDC 581.7—dc23
LC record available at https://lccn.loc.gov/2016022226

Manufactured in China

CONTENIDO

Plantas marinas y algas 4

Fotosíntesis 6

¿Qué son el plancton y el fitoplancton? 10

La cadena alimentaria marina 12

Hay algas de muchos colores 14

Algas rojas é16

Algas pardas 18

Algas verdes 20

Macroalgas 22

A lo largo de la costa 24

¿Demasiado caliente? 26

Spa marino 28

Glosario 30

Para más información 31

Índice 32

Plantas marinas y algas

El pasto marino se ha adaptado y puede vivir casi toda su vida sumergido en el agua.

Hay plantas en casi todos los lugares de la Tierra, hasta en el agua, y es que las plantas son fundamentales para la vida: proporcionan alimento a la gente y a los animales, y fabrican el oxígeno que respiran otros seres vivos. Las plantas acuáticas, o hidrófitas, viven en el agua total o parcialmente sumergidas. Sin embargo,

VOCABULARIO

Algo **sumergido** está completamente cubierto de agua.

como las plantas acuáticas comparten tantas similitudes con las terrestres, los científicos creen que todas proceden de la superficie terrestre. Las acuáticas cambiaron para adaptarse al nuevo medio.

Otros organismos, llamados *algas*, viven también en el agua. Las algas son esenciales porque fabrican gran parte del oxígeno del planeta, que tanto los humanos como otros animales necesitan para respirar. Aunque algunas, como las macroalgas, parecen plantas, las algas no son plantas ni animales: pertenecen a un grupo de seres vivos llamados *protistas*.

Un manto de algas verdes cubre estas rocas de la costa.

FOTOSÍNTESIS

Todas las plantas verdes elaboran su propio alimento mediante un proceso denominado *fotosíntesis* que requiere luz solar, agua, dióxido de carbono (un gas) y clorofila (una sustancia de las plantas). La fotosíntesis es vital porque produce el oxígeno que los humanos y otros

La energía de la luz solar es el combustible para realizar la fotosíntesis.

CONSIDERA ESTO:

¿Por qué es vital que con la fotosíntesis se devuelva oxígeno a la atmósfera? ¿Podríamos vivir en un mundo sin oxígeno?

animales precisan para vivir. Además de las plantas, hay otros seres vivos que fabrican su alimento a través de la fotosíntesis, ya que esta comenzó en realidad con las formas primitivas de bacterias y algas, hace millones de años. El proceso comienza cuando la clorofila de las plantas absorbe energía de la luz solar. Esa energía lumínica sirve

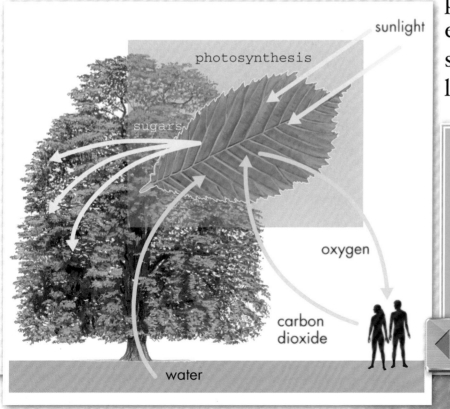

sunlight

photosynthesis

sugars

oxygen

carbon dioxide

water

La fotosíntesis usa luz solar, dióxido de carbono y agua para crear los azúcares que dan vida a las plantas.

para transformar el agua y el dióxido de carbono en oxígeno y en unos nutrientes llamados *azúcares*. Las plantas utilizan parte de estos para crecer y almacenan el resto. Durante el proceso, devuelven oxígeno al aire o al agua.

Hay ciertas diferencias entre la fotosíntesis terrestre y la acuática. En vez de tomar dióxido de carbono del aire, como las plantas terrestres, las algas y las plantas marinas (de agua salada) obtienen directamente el dióxido de carbono de su entorno acuático.

Las plantas terrestres reciben la misma luz solar que nosotros. Sin embargo, a las plantas sumergidas les cuesta más conseguir la luz para la fotosíntesis. La cantidad de luz que penetra en un medio acuático depende de la coloración, la profundidad y la **turbidez** del agua. Por este motivo, algunas plantas marinas, como los nenúfares, tienen tallos largos con grandes hojas que flotan más cerca de la superficie, donde absorben más luz.

VOCABULARIO

El agua **turbia** es menos clara y transparente porque tiene sedimentos o tierra en suspensión.

¿QUÉ SON EL PLANCTON Y EL FITOPLANCTON?

En el agua oceánica flotan o van a la deriva miríadas de minúsculos seres vivos. Estos organismos se conocen como *plancton*, y entre ellos hay plantas y animales. El plancton compuesto por animales y organismos parecidos se llama *zooplancton*, mientras que el formado por plantas y organismos similares se denomina *fitoplancton*.

Los organismos planctónicos no suelen abultar más que una simple célula. Por ejemplo, un tipo de alga unicelular llamada

El zooplancton no puede verse a simple vista. Aquí se muestra una ampliación de una variedad de zooplancton.

El fitoplancton flota en el agua y absorbe la luz solar para crear energía.

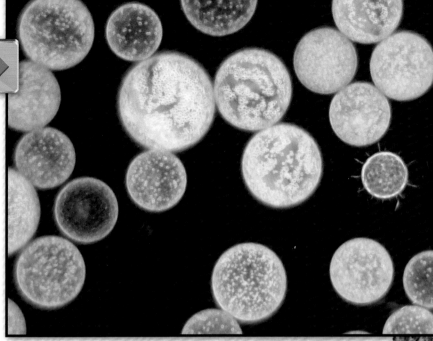

diatomea es una clase corriente de fitoplancton. Este flota cerca de la superficie y, como sucede con otras plantas, lleva a cabo la fotosíntesis, es decir, produce su energía mediante la luz solar. Además de fitoplancton y zooplancton, en las aguas de la Tierra flotan bacterias y hongos, seres vivos que también pueden considerarse como plancton.

CONSIDERA ESTO:

Ya que la mayor parte del fitoplancton consigue su energía a través de la fotosíntesis, ¿en qué estaciones del año habrá más fitoplancton en las aguas de la Tierra?

La cadena alimentaria marina

La *cadena alimentaria* es el orden en que los seres vivos dependen unos de otros en relación a los alimentos. Cada ecosistema engloba una o más cadenas alimentarias, que empiezan con organismos que fabrican su propio alimento (denominados *productores*), como las plantas, seguidos de los que comen otros seres (*consumidores*). Casi todos

En esta red alimentaria los predadores comen otros predadores y zooplancton.

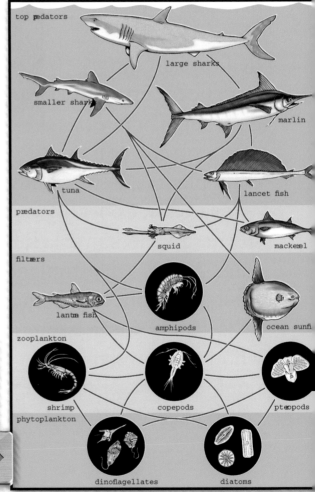

top predators
large sharks
smaller sharks
marlin
tuna
lancet fish
predators
squid
mackerel
filters
lantern fish
amphipods
ocean sunfish
zooplankton
shrimp
copepods
pteropods
phytoplankton
dinoflagellates
diatoms

El fitoplancton es muy pequeño, pero tiene un rol enorme en la red alimentaria marina.

los seres vivos consumen más de un tipo de animal o planta y sus cadenas están solapadas y conectadas, creando una red trófica.

El fitoplancton es un eslabón importante de la cadena. Mantiene a los animales marinos y a los humanos, porque colabora en la producción de oxígeno, lo que constituye una fuente de alimento primordial, directa o indirecta, de casi todos los organismos.

COMPARA Y CONTRASTA

El fitoplancton está en la parte inferior de la cadena alimentaria marina. ¿Qué animales marinos están en la parte superior?

HAY ALGAS DE MUCHOS COLORES

Las algas abarcan una gran variedad de organismos. En general, constan de una o más células que contienen clorofila. Se diferencian de las plantas en varios aspectos: carecen de tallos y hojas, sus raíces son distintas y no producen flores ni semillas. Sin embargo, al igual que las plantas, fabrican su propio alimento a través de la fotosíntesis.

Hay unas 27,000 especies, o clases, de algas. Muchas consisten en una sola célula; otras forman

El cloroplasto, que contiene clorofila, es parte de las células de las plantas y algas.

colonias. Sus colores son muy variados (rojo, pardo o verde), pero, sea cual sea su color externo, casi todas contienen el pigmento verde llamado *clorofila*. También presentan gran variedad de tamaños.

COMPARA Y CONTRASTA

¿En qué se diferencian las algas de las plantas marinas? ¿Qué características comparten?

El alga dorada, llamada *Synura*, forma grupos esféricos conocidos como colonias.

Algas rojas

Hay más de 5,200 especies de algas rojas. La mayoría vive en hábitats marinos tropicales, las zonas cálidas de los océanos. Gran parte son multicelulares, es decir, con más de una célula. Para completar su ciclo vital, pasan por varios estados de desarrollo. Su pigmento rojo les permite absorber la luz solar muy por debajo de la superficie del agua.

Muchos animales marinos se alimentan de esta alga roja conocida como *Jania rubens*.

VOCABULARIO

La **cocina** es la forma propia de guisar de un grupo de gente. Como Japón es una isla, muchos de sus platos tradicionales contienen animales y plantas marinos.

Ciertas especies se cultivan para servir de alimento, como el laver, la dulse y la gracilaria. El laver es la fuente del nori, finas láminas de macroalga

El musgo irlandés es un tipo de alga roja que se usa en la alimentación humana.

secas muy populares en la cocina japonesa. La gracilaria se utiliza en pudines, pasta dentífrica y helados. Algunas especies de alga roja colaboran en la formación de arrecifes de coral y de islas.

ALGAS PARDAS

Estas algas se encuentran a lo largo de la costa flotando en el océano. La llamada *kelp* puede alcanzar 60 metros (200 pies) de longitud. Algunas se sujetan a las rocas del fondo marino mediante una estructura llamada *rizoide*. Disponen de estipes (muy parecidos a los tallos de las plantas) y de anchas láminas semejantes a hojas. Estas tienen pequeñas bolsas de agua, llamadas *vesículas de flotación*, que las ayudan a subir a la superficie.

Los bolsillos de aire de este tipo de alga marrón la ayudan a flotar en el océano.

En una zona del océano Atlántico Septentrional hay una gran masa de algas pardas a la deriva llamada *mar de los Sargazos*, ya que el alga se denomina *sargazo*.

En este mar desovan y se reproducen, anguilas, tortugas, peces espada, tiburones y lampugas. Al pasar por aquí mientras navegaba hacia el Nuevo Mundo, Cristóbal Colón dedujo que la tierra estaba cerca y se animó a seguir.

CONSIDERA ESTO:

¿Para qué vuelven las láminas de alga parda a la superficie?

El sargazo va formando grandes masas a medida que se mueve en el mar.

Algas verdes

Casi todas las algas verdes son de agua dulce, solo un 10% son marinas; también hay especies terrestres. En el mar, algunas flotan libremente, pero la mayoría vive en rocas de la costa. Ciertos tipos son comestibles, como la lechuga de mar. Presentan gran diversidad y ciertas características peculiares, como filamentos ramificados que parecen cables, bolsas celulares huecas o anchas láminas planas.

Además de constituir una importante fuente de oxígeno, las algas verdes son fundamentales en la cadena alimentaria. No obstante, a

Muchas algas marinas, como la *Caulerpa prolifera,* son verdes.

veces dan problemas. En ciertas circunstancias, muchas especies crecen tanto que cubren la superficie del agua e impiden que la luz llegue a zonas profundas, perjudicando a otros organismos marinos que se encuentran bajo la superficie.

CONSIDERA ESTO:

¿A qué organismos de entornos marinos puede afectarles la falta de luz?

Algunas algas crecen tanto que se vuelven tóxicas para la vida marina.

Macroalgas

Las algas rojas, pardas y verdes se conocen también como *macroalgas*. En las zonas septentrionales, forman una capa casi continua sobre las rocas; en las aguas más frías del Ártico y de la Antártida, viven a mucha más profundidad; en los cálidos trópicos, se hallan en el fondo de lagunas, o asociadas con arrecifes de coral o atolones. A veces son perjudiciales para el coral porque producen sustancias químicas dañinas e impiden el paso de la luz, pero estudios recientes han demostrado que lo protegen de la voracidad de algunas estrellas de mar.

Las moléculas que componen ciertas

Las plantas marinas que deja el mar en las playas son, realmente, algas.

especies de macroalgas espesan casi cualquier líquido; más de 100,000 toneladas métricas de esas moléculas se extraen al año para múltiples usos. Además, como las macroalgas filtran y limpian el agua, sirven para eliminar las toxinas de las aguas residuales.

Aquí se ve un tipo de alga roja. Las algas pueden ser verdes, rojas o pardas.

23

A LO LARGO DE LA COSTA

Los mangles (árboles o arbustos de los manglares) se caracterizan por una gruesa maraña de raíces que sale del fango. La función de estas raíces es evitar que las olas se lleven la tierra y la arena del litoral. Los mangles prosperan en agua salada porque son capaces de filtrar la sal.

Al tener plantas acuáticas con raíces, hojas, flores y semillas, las praderas marinas proporcionan valiosos hábitats para muchos invertebrados, como almejas, cangrejos

A medida que el agua baja, la raíz de los mangles se vuelve más visible.

◀◀

Muchos tipos de invertebrados marinos viven y se alimentan en las praderas marinas.

y ostras, y numerosas especies de peces. En ellas, también se alimentan miles de especies animales, como tortugas de mar, manatíes y gansos. Por esta razón, también reciben el nombre de *pastos marinos*.

COMPARA Y CONTRASTA

Las praderas marinas y los manglares crecen cerca de las riberas oceánicas. ¿En qué se parecen? ¿En qué se diferencian?

¿Demasiado caliente?

La temperatura superficial media de la Tierra aumenta lentamente. Este fenómeno, llamado *calentamiento global*, funde los hielos polares, lo que implica la subida del nivel del mar y la transformación de las costas.

Además, el agua también se calienta y ciertas algas tóxicas crecen sin control, poniendo en peligro la vida oceánica. Esto, a su vez, perjudica a las personas que consumen pescado u otros organismos que

WARNING

HARMFUL ALGAE MAY BE PRESENT IN THIS WATER
USE OR CONTACT MAY CAUSE SERIOUS HARM TO HUMANS AND ANIMALS

FOR FURTHER INFORMATION CONTACT:

GOULBURN-MURRAY WATER

GOULBURN-MURRAY WATER
EMERGENCY   000
Goulburn-Murray Water   1800 064 184

Cuando el agua se calienta las algas tóxicas crecen sin control.

contengan dichas toxinas.

Otro efecto de la proliferación de algas nocivas es la disminución de la luz que atraviesa el agua. Esto conlleva menos procesos de fotosíntesis y la consecuente pérdida de oxígeno. La excesiva reducción del oxígeno oceánico causará la muerte de numerosos tipos de peces.

CONSIDERA ESTO:

El calentamiento global se debe sobre todo a la contaminación. ¿Qué puedes hacer tú para colaborar en la protección de los océanos y de la vida marina?

Los HAB pueden reducir el contenido de oxígeno del agua, envenenar la vida marina y causar enfermedades a los seres humanos.

Spa marino

Dicen que tras una visita al *spa*, te sientes revitalizado. Muchas algas y plantas marinas se cultivan para usos sanitarios y nutricionales. Algunos *spas* utilizan la llamada *terapia de algas* para relajar y vivificar a sus clientes. Ofrecen recubrimientos de algas o de macroalgas que, según ellos, suavizan la piel y mejoran la circulación sanguínea. El alga roja es un alimento popular entre los vegetarianos, ya que, al igual que la

El alga *Nori* se usa para preparar sushi, un plato muy popular de la cocina japonesa.

COMPARA Y CONTRASTA

La acuicultura es la crianza de plantas y organismos marinos para utilizarlos como alimento. ¿En qué se distingue este proceso del cultivo terrestre?

carne, contiene proteínas y vitamina B12.

También hay otras algas comestibles. La ulva, o lechuga de mar, es un tipo de alga verde que se añade a menudo a ensaladas y sopas. Es rica en yodo y vitaminas A, B y C. Las macroalgas pardas se utilizan para hacer mermelada, helados, nata batida en aerosol, relleno de pastel y espesante de salsas. Quizá encuentres los ricos minerales de las algas hasta en tus medicamentos, ¡o tu maquillaje!

Las ensaladas son otra manera de incluir las algas en la dieta humana.

Glosario

absorber Tomar, sorber o tragar.

acuático Que crece o vive en el agua, o se encuentra en ella a menudo.

bacterias Cualquier grupo de organismos unicelulares que vive en la tierra, en el agua o en los cuerpos de animales y plantas.

célula Cada una de las minúsculas unidades básicas de los seres vivos.

clorofila Pigmento verde de las plantas necesario para la fotosíntesis.

colonia Agrupación en un sitio particular de plantas o de animales pertenecientes a la misma especie.

cultivar Criar seres vivos con fines comerciales.

ecosistema Comunidad de seres vivos que se relacionan entre sí y con el entorno.

hábitat Lugar o tipo de lugar donde una planta o un animal se cría o vive normalmente.

hidrófita Planta que vive en el agua o en humedales.

hongos Seres vivos (como los mohos y las setas) que carecen de clorofila, viven sobre materia muerta o en descomposición y que, antiguamente, fueron considerados plantas.

litoral Terreno adyacente a la costa.

masa Gran cantidad o número de algo.

nutrientes Elementos que una planta o un animal necesita para vivir.

organismo Ser vivo.

protista Organismo unicelular parecido a un animal, a una planta o a ambos, lo que incluye a la mayoría de las algas.

red alimentaria Conjunto de las cadenas alimentarias de un ecosistema. También se denomina *red trófica*.

toxina Sustancia producida por un organismo vivo que es muy venenosa para otros organismos.

tropical Perteneciente o relativo a los trópicos, zonas cálidas de la Tierra cercanas al Ecuador.

Para más información

Libros

Bang, Molly, and Penny Chisholm. *Ocean Sunlight: How Tiny Plants Feed the Sea*. New York, NY: Blue Sky Press, 2012.

Collis, Carolyn. *Seaweed*. Wellington, NZ: Summer Rose Books, 2014.

De la Bedoyere, Camilla. *100 Facts: Plant Life*. Essex, UK: Miles Kelly, 2015.

Hewitt, Sally. *A Walk by the Seaside*. London, England: Franklin Watts, 2012.

Lawrence, Ellen. *Water Plants: All Wet*. New York, NY: Bearport Publishing, 2016.

Lundgren, Julie K. *Plants Make Their Own Food*. Vero Beach, FL: Rourke Publishing, 2012.

Sitios web

Debido a la naturaleza cambiante de los enlaces de internet, Rosen Publishing ha desarrollado una lista en línea de sitios web relacionados con el tema de este libro. Este lista se actualiza regularmente. Utiliza este enlace para acceder a la lista:

http://www.rosenlinks.com/LFO/seaplant

ÍNDICE

acuacultura, 29
algas, 5, 7, 9, 10, 14–15, 22
  nocivas y tóxicas
    (HABs), 21, 28-29
  pardas, 18–19
  rojas, 16–17
  uso humano, 28–29
  verdes, 20–21
algas marinas, 5, 17, 22–23
  uso humano, 28–29
azúcares, 8

bacteria, 7, 11

cadenas alimentarias,
  12–13, 20
calentamiento global, 26,
  27
clorofila, 6, 7, 14, 15
Colón, Cristóbal, 19
consumidores, 12

diatomea, 10–11
dióxido de carbono, 6, 8, 9

fitoplancton, 10–11, 13

fotosíntesis, 6–9, 11, 14, 27

hongos, 11
hidrófitas, 4

kelp, 18

manglares, 24, 25
mar de los Sargazos, 21

organismos multicelulares,
  16
organismos sumergidos,
  4–5, 9
organismos unicelulares,
  10, 15
oxígeno, 4, 5, 6, 7, 8–9, 13,
  20, 27

pastos marinos, 27
plancton, 10–11, 13
plantas acuáticas, 4–5
plantas marinas, 9
polución, 27
productores, 12
protistas, 5

red trófica, 13

zooplancton, 10, 11